AF563642

L27n
3101.

LE CONTRE-AMIRAL

Cte D'OSERY

1821-1878

LE CONTRE-AMIRAL

C[TE] D'OSERY

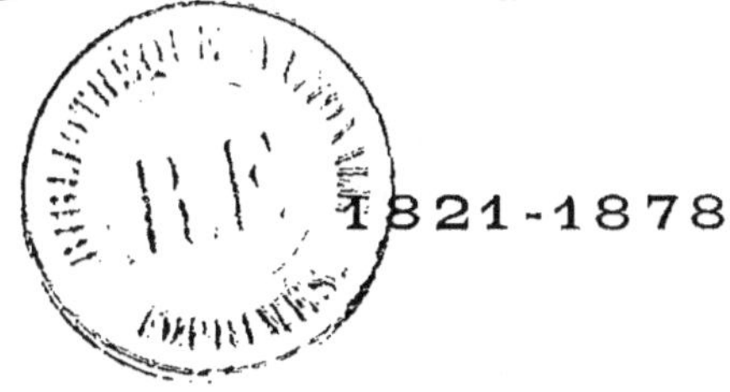

1821-1878

PAR

LE COMTE CHARLES DE MOUY

PARIS

E. DE SOYE ET FILS, IMPRIMEURS

5, PLACE DU PANTHÉON, 5

1881

L'AMIRAL D'OSERY.

Je voudrais retracer, d'après une correspondance de famille[1], la vie d'un marin qui fut un noble et loyal serviteur de son pays. Plus que jamais, en ce temps de fortunes rapides et aventureuses, il est bon de présenter comme un exemple la carrière lente et austère d'un officier exclusivement dévoué à la France et à son devoir. C'est par les hautes et calmes vertus, par le courage, par le sacrifice, par la forte instruction, par l'expérience, par le désintéressement que les nations sont bien servies : l'homme éminent et modeste dont j'essayerai de raconter les actes et d'exposer les sentiments est de la race de ceux dont le mérite est la condition des jours heureux et la ressource de l'adversité.

[1] *Correspondance de l'amiral d'Osery.* (Papiers de famille inédits.)

I

Le comte Hulot d'Osery était d'une famille militaire. Son père, général de division, avait perdu un bras à Austerlitz. Son oncle, capitaine de vaisseau, était mort sur le champ de bataille. Élevé au milieu de ces souvenirs, M. d'Osery s'était accoutumé dès l'enfance à la pensée de vivre avant tout pour la patrie. Il entrait, en 1839, dans la carrière maritime avec une vraie vocation, et son langage, dès les premières pages de sa correspondance, montre qu'il avait moins en vue d'acquérir des grades que de les mériter. Il se préoccupe avant tout des fortes études qu'il doit poursuivre et des devoirs qui lui sont imposés. On ne surprend en lui aucune trace de vanité anxieuse ou d'impatience fébrile : il a le respect de sa tâche, le sentiment profond de l'honneur, il ne veut rien dont il ne soit digne. Son esprit n'est pas moins élevé que sa conscience, et l'on sent que ce jeune homme, dont la volonté est grave et patiente, n'entend rien obtenir en ce monde que par un labeur assidu et des vertus sévères.

Sa première campagne, en 1841, à bord de l'*Uranie*, lui fit voir sur-le-champ une grande partie de l'Atlantique et de l'Océan Indien. L'*Uranie* toucha successivement aux Canaries, à Rio-de-Janeiro, à Madagascar, puis, au retour, à Sainte-Hélène. Dès ce début, la correspondance du comte d'Osery avec sa famille révèle les qualités excellentes de son esprit; il décrit rapidement et en quelques traits caractéristiques les paysages qu'il rencontre et les scènes de la vie du bord; il indique les incidents de la traversée avec une netteté laconique, dans un style familier et paisible, rare chez un jeune homme, où l'on ne surprend aucune déclamation, aucune préoccupation de soi-même, mais dont la simplicité ferme et sobre montre une intelligence sérieuse, des impressions franches, un parfait équilibre de facultés fortes. C'est le langage d'un homme d'action et de réflexion qui voit les choses et les admire sans s'attarder à la rêverie, rattache volontiers ses observations à la pratique de son métier, n'est point distrait de ceux qu'il aime et qui sont loin de lui par le spectacle du dehors et le bruit de la vie, mais ne laisse pas non plus ses affections l'entraîner à la mélancolie et le détourner de ses travaux et de ses devoirs.

Il allait bientôt se trouver mêlé à des événements d'un intérêt à la fois politique et maritime, qui devaient achever son éducation d'homme de mer et développer singulièrement ses aptitudes.

Le gouvernement français avait résolu d'établir son protectorat sur les îles de la Société, et c'était au commandant, depuis amiral Bruat, que cette mission difficile était confiée. Indépendamment de son importance militaire, cette campagne devait avoir un caractère exceptionnel pour notre marine, comme épreuve de la grande navigation à vapeur. On était, en effet, à une époque intéressante pour les gens de mer : l'on commençait cette série de transformations de la marine de guerre qui devait peu à peu aboutir au triomphe des vaisseaux à roues et à hélice. L'ancien matériel et la science de la direction des navires à voiles devaient lentement être modifiés : on n'en était encore qu'à des essais timides et dangereux, mais qui sollicitaient au plus haut degré la curiosité et l'étude de nos marins. Le comte d'Osery, à peine sorti de l'école où il avait appris son métier en vue de la conduite des bâtiments à voiles, comprenait dès lors que l'avenir appartenait au nouveau système et désirait vivement, une fois désigné pour prendre part à l'expédition de Taïti, s'embarquer sur un des navires à roues qui devaient se rendre en Océanie : il obtint de quitter l'*Uranie* et devint l'un des officiers du *Phaëton*, aviso à vapeur de la division. Ce fut pour lui une satisfaction réelle, sans doute, mais en même temps une laborieuse initiation : « Je travaille les machines », écrivait-il de Toulon, plusieurs mois avant le départ, « question toute nouvelle pour moi, car j'y suis aussi novice que je l'étais dans un gréement quand je suis entré à l'école ». Il ne tarda point à se mettre au courant, et il partait à la fin de mai 1843 pour cette entreprise qui devait durer quatre ans et le placer parmi les jeunes gens les plus en vue de notre armée navale.

La longue campagne de Taïti fut une des actives périodes de sa vie. Décisive pour sa carrière, puisqu'elle lui permit de déployer ses qualités solides, ses connaissances de marin, sa patiente énergie, et lui valut des distinctions méritées, elle fut en même temps attristée par la mort d'un de ses plus chers compagnons d'armes et surtout par une catastrophe de famille aussi soudaine que douloureuse. Avant d'aller plus avant, je voudrais retracer rapidement, en laissant autant que possible la parole au comte d'Osery, les incidents qui ont précédé ce sombre épisode.

Son frère aîné, Eugène, était sorti dans les premiers rangs de l'Ecole polytechnique et paraissait appelé au plus brillant avenir. On pouvait dire de ce jeune homme qu'il avait reçu tous les dons à sa naissance : ses avantages personnels s'unissaient au mérite le plus éclatant; il était tout à la fois un savant distingué et un homme du monde. Au moment où l'expédition de Taïti allait partir, il était chargé, par le gouvernement, d'une mission scientifique dans l'Amérique du Sud, sous la direction de M. de Castelneau, et devait traverser tout le continent, du Brésil au Pérou. Les deux frères purent espérer un instant faire le voyage ensemble, mais les combinaisons ne furent point les mêmes, et tandis que l'aspirant de marine s'embarquait sur le *Phaëton*, le savant prit passage à bord d'une corvette de charge. Ils se donnèrent rendez-vous à Rio, et s'y rencontrèrent, en effet, en juillet 1843. Avec quelle joie M. d'Osery raconte à sa famille leur vie au Brésil, et comme il s'efface volontiers pour mettre en lumière les qualités d'un frère qu'il savait particulièrement aimé de leur mère! « Je vais voir Eugène, dit-il, toutes les fois que je ne suis pas de service : je le trouve au milieu de ses instruments, livré à ses observations, préparant activement son matériel de voyage et apprenant le portugais. Il est introduit et déjà très accueilli dans la société..., il mène de front, sans fatigue, les plaisirs du monde, le travail et les soins variés auxquels il faut pourvoir. » Les deux frères passaient ainsi le temps en conversations affectueuses, en promenades à cheval dans les environs de la ville, jusqu'au moment où le départ du *Phaëton*, qui devait poursuivre sa route vers les îles Marquises, les obligea de se séparer. Ils se quittèrent avec tristesse, et dans une lettre, écrite en mer, il raconte leur dernière journée à Rio : « Nous l'avons passée ensemble, nous nous sommes embrassés le cœur serré, car nous allions, chacun de notre côté, entreprendre un voyage long et périlleux. Nous nous sommes quittés, en nous donnant l'espoir de nous rencontrer dans dix-huit mois au Chili ou au Pérou, espérance malheureusement bien incertaine. »

L'avenir ne devait que trop justifier ces craintes : les deux frères s'étaient vus pour la dernière fois. Eugène, qui avait atteint le Pérou, y fut massacré par les indigènes, plus de trois ans après leur séparation, à la fin d'octobre 1846. M. d'Osery n'apprit cet événement que six mois plus tard, au moment où il allait rentrer en France, après la belle campagne maritime dont leur réunion à Rio avait si gaiement inauguré les premiers jours et dont nous allons suivre, dans sa correspondance, les principaux incidents.

II

Le *Phaëton*, en quittant le Brésil, avait à entreprendre un voyage difficile ; il avait ordre de se rendre aux îles de la Société, et, par conséquent, de passer le détroit de Magellan : c'est toujours une navigation dangereuse, mais particulièrement dans les circonstances données, car c'était la première fois qu'un bâtiment à vapeur français entrait par cette voie dans l'Océan Pacifique. L'équipage était plein d'élan et de courage, il se félicitait d'avoir à accomplir ce passage dans des conditions nouvelles. M. d'Osery était animé des ambitions les plus généreuses, et l'on aime à l'entendre dire, en apprenant qu'un de ses camarades a été décoré pour fait de guerre dans ces parages : « On peut donc gagner la croix dans ce pays-là ! Il suffit d'y arriver à temps ! »

Le bâtiment était bien commandé par un jeune capitaine, M. Maissin. M. d'Osery, toujours empressé de rendre hommage sans aucune jalousie à ses camarades et à ses chefs, faisait de lui les plus grands éloges : « C'est un officier très distingué, écrivait-il, et, de plus, plein d'égards et de convenances : il y a à gagner de toutes façons à servir sous ses ordres. » Par malheur, il constatait à regret que le *Phaëton*, tout en « se comportant bien à la mer, marchait très mal », « qu'il était déjà très fatigué », que sa machine, « de construction déjà ancienne, ne lui donnait dans les meilleures circonstances qu'une vitesse de 7 milles à l'heure », et qu'il fallait compter, avec un faible approvisionnement de charbon, mettre bien du temps pour arriver aux îles Marquises. Il se consolait en se disant que le *Phaëton*, étant à vapeur, serait « le plus utile et le plus employé des navires de la station » ; et il ajoutait, ce qui le touchait davantage encore : « S'il y a quelque affaire de guerre, nous sommes assurés d'y prendre part. »

Malgré les mauvaises conditions du bâtiment, aggravées encore par une rude navigation sur les côtes de Patagonie, le passage du détroit de Magellan s'effectua sans encombre. Ainsi que M. d'Osery se plaît à le faire remarquer, « l'honneur en revenait au talent et à la persévérance du capitaine », car les coups de vent avaient été vraiment redoutables, il avait fallu cheminer « la sonde à la main »; plus d'une fois, « au lieu d'avancer, on reculait »; mais enfin, à force de prudence, « en prenant obliquement les lames et le vent », en « aidant la machine de l'emploi de quelques voiles », en jetant l'ancre chaque soir, entre des côtes basses, à travers des îlots, des criques, des baies, toute une hydrographie compliquée et mal connue, le *Phaëton* finit par entrer dans le Pacifique.

Ce voyage avait laissé à M. d'Osery d'intéressants souvenirs : sa correspondance décrit à merveille les principaux sites du détroit de Magellan. « Il offre, dit-il, trois zones d'aspect bien distinct. Dans la première, les côtes sont peu mouvementées, le sol paraît pauvre, il ne produit que des mousses, quelques arbrisseaux, par places, et un peu d'herbe. On arrive ensuite dans une région réellement belle : de hautes montagnes dont les cimes sont couvertes de neige, une végétation active, des eaux fraîches, des bois qui, de la limite des neiges, descendent jusqu'au bord de la mer en se mêlant souvent aux rochers nus. Enfin, on dépasse le promontoire le plus au sud du continent américain; tout à coup le climat devient dur, l'aspect austère, le sol est constamment battu par le vent glacial qui vient du pôle... il n'y a plus de végétation; l'œil ne rencontre sur les murailles de granit qui bordent le canal que d'imposants glaciers aux teintes azurées. »

J'ai cité cette page avec plaisir : elle montre que le

jeune aspirant savait comprendre la beauté des paysages et en parler dans une langue ferme et concise. Il décrit également avec beaucoup d'exactitude une tribu de Patagons qu'ils rencontrèrent dans une relâche, « faisant paître à leurs troupeaux l'herbe rare de ces plaines ». « Ils étaient campés, dit-il, dans une vallée bien abritée; ils étaient, en général, grands et bien faits; leur taille approchait certainement six pieds. Leur peau avait la couleur du cuivre mal récuré, leurs cheveux étaient longs et souples, leurs traits réguliers... Ils semblaient nous voir avec une médiocre curiosité, ne montraient ni défiance ni sentiments hostiles. »

L'équipage du *Phaëton* ne s'attarda point parmi ces peuplades, et le bâtiment arriva au Chili au mois d'octobre. Le 2 janvier 1844, il touchait aux Marquises, et le 9, abordait enfin à Taïti, où nos marins allaient se trouver en présence d'assez graves événements.

M. d'Osery fut sur-le-champ séduit par le charme de cette île, et indique le paysage, selon sa coutume, en quelques traits sobres et précis : « L'aspect de Taïti est d'une grande beauté... terres élevées, profondes vallées, une couronne de montagnes magnifiques. Partout des arbres, de la verdure, des eaux de cristal. La rade est un véritable port naturel, fermé du côté du large par une ceinture de récifs de coraux qui s'élèvent jusqu'à fleur d'eau. Les vagues viennent continuellement se briser, en volutes éblouissantes, sur le bord extérieur de ces digues, tandis que du côté intérieur les eaux de la baie sont tranquilles comme celles d'un bassin. » Il fut bientôt distrait de ce spectacle par les incidents de la politique et de la guerre.

La France se trouvait à Taïti dans une situation difficile et périlleuse. Après avoir pris le gouvernement des îles de la Société et prononcé la déchéance de la reine Pomaré, elle avait résolu, pour apaiser les indigènes et mettre un terme à l'insurrection, de borner son autorité à un simple protectorat et de transformer le gouverneur en commissaire auprès de la souveraine. Mais celle-ci n'acceptait pas cette combinaison, et, du fond de la retraite où elle s'était confinée au moment de sa déchéance, elle résistait à toute tentative de séduction et se refusait à négocier sur la base du protectorat. En même temps, ses partisans fort nombreux formaient des rassemblements hostiles, et il fallut que la marine songeât sérieusement à une expédition contre ces insurgés, excités sous main par les missionnaires anglais méthodistes et surtout par le fameux Pritchard, dont, plus tard, la demande d'indemnité a fait tant de bruit. L'équipage du *Phaëton* fut chargé de les disperser : M. d'Osery partit avec joie et se distingua dans cette campagne, où il eut le regret de perdre un ami, le second du bâtiment, M. de Nansouty, qui, en commandant une charge à la baïonnette, tomba percé de trois balles : « C'était, écrit-il, un chef bienveillant, affectueux et de bon conseil. Courage, élévation de caractère, goût prononcé et intelligent du métier, il avait tout pour lui. Son éloge est dans toutes les bouches : chacun l'aimait et le regrette. »

Malgré le succès de cette première attaque, la situation n'était pas devenue beaucoup meilleure dans l'île. La reine Pomaré persistait dans la lutte, et l'arrivée de l'amiral Hamelin sur la frégate la *Virginie*, les pourparlers entamés avec les insurgés pour ramener la princesse dans sa capitale et lui faire accepter le protectorat, n'aboutirent à aucun résultat. Il fallut organiser sans elle un gouvernement qui ne pouvait être que provisoire, et le temps se passa en petites expéditions, sans grand intérêt, contre les partis insurgés. Ce fut dans une de ces rencontres, désignée sous le nom de combat de Tapuna, que M. d'Osery, qui venait d'être nommé enseigne de vaisseau, fut assez grièvement blessé, le 12 avril 1846. Voici comment il raconte lui-même cet incident avec sa simplicité accoutumée : « Le *Phaëton* avait reçu l'ordre d'aller mouiller près de Pounaïa, en un lieu nommé Tapuna ; on craignait que les indigènes ne partissent de ce point pour aller ravager l'île voisine qui nous était demeurée fidèle. Redoutant sans doute une attaque, les indigènes firent, pendant la nuit, une tranchée qui barrait le passage de la mer aux montagnes. » C'était une tranchée qu'il s'agissait d'enlever, et il paraît que le capitaine d'infanterie de marine chargé de l'expédition y lança un peu trop rapidement ses hommes : « Nous fûmes reçus, continue M. d'Osery, par une vigoureuse fusillade : il pouvait y avoir de quatre à cinq cents hommes dans la tranchée, la ligne hésita et s'arrêta. Le capitaine ordonna de marcher à la baïonnette : je me portai en avant pour exécuter l'ordre, je fus blessé et je me retirai aidé par un matelot. Notre petite troupe dut bientôt en faire autant, laissant quatre morts sur le terrain. »

Cet effort était donc demeuré stérile, mais M. d'Osery n'en était point responsable, ne commandant point la colonne : il avait marché en soldat, bravement et en silence. Ses chefs signalèrent immédiatement sa conduite à Paris : les notes confidentielles que je relève à cette date dans le dossier du jeune enseigne sont unanimes à le louer : « Cet officier, disait le commandant du *Phaëton*, possède un sang-froid et un aplomb au-dessus de son âge. Il s'est fait remarquer par son intelligence et sa bravoure dans toutes les affaires de Taïti. » L'amiral Bruat ajoutait à ce témoignage : « Il donne de grandes espérances. Il a un courage froid et persévérant. Il a été dangereusement blessé à la tête de ses hommes à Tapuna : la croix a été demandée pour lui ; j'appuie la demande. » Cette proposition fut accueillie par le gouvernement ; M. d'Osery, qui, d'ailleurs, dans l'intervalle, à peine guéri de ses blessures, avait repris son service et s'était trouvé de nouveau dans plusieurs affaires périlleuses, apprit quelques mois plus tard qu'il était nommé chevalier de la Légion d'honneur. Il n'avait que vingt-cinq ans.

Cependant la campagne d'Océanie touchait à sa fin : à la suite de divers engagements qui démontrèrent à la reine Pomaré l'impossibilité de la résistance, cette princesse se décida à faire sa soumission et à reconnaître le protectorat. Elle revint à Taïti à bord du *Phaëton* : M. d'Osery en fait un portrait peu séduisant : « Elle a passé la quarantaine; c'est une femme très forte, sa figure est commune, plus noire que n'est ordinairement celle des femmes de la noblesse... son extérieur est peu royal. On la dit très attachée aux anciennes mœurs indigènes, jalouse de ses prérogatives, rapace, haineuse, méfiante, stupide et entêtée. »

La situation se trouvant ainsi réglée dans les îles de la Société, l'objet de l'expédition était atteint, et M. d'Osery se préparait à revenir en France, lorsque l'affreuse nouvelle de la mort de son frère vint le surprendre au milieu de la joie que lui causaient ses succès militaires et la perspective du retour. Il ne l'apprit que six mois après l'événement, en avril 1847, et à la veille de quitter Taïti : « J'ai le cœur navré, écrivait-il à son père... je suis désespéré en songeant à votre douleur, à celle de ma pauvre mère. » Il retrouva sur sa route les souvenirs de son frère, surtout à Rio, où ils s'étaient séparés quatre années auparavant : « J'ai été heureux, du moins, disait-il, d'entendre tous les éloges que l'on fait de son savoir et de son courage, mais plein de regrets en songeant que je ne le reverrai plus! » Aussi, son retour en France, quelques mois plus tard, fut empoisonné par l'amertume de ce grand deuil : il retrouvait une famille fière de lui, sans doute, mais accablée par un tel événement, et une mère qui ne s'est jamais consolée.

III

Les congés de M. d'Osery n'étaient jamais bien longs : il était heureux sans doute au milieu des siens, mais il voulait poursuivre sérieusement sa carrière, et nous le retrouvons en mars 1848 à Toulon, à bord du *Friedland*, l'un des bâtiments de l'escadre de la Méditerranée qui portait le pavillon de l'amiral Baudin. Au lendemain de la révolution de février, au moment où l'on prévoyait que l'Italie, subissant le contre-coup des agitations de la France, allait être profondément troublée, la mission d'observation confiée à l'escadre avait un caractère historique, et le jeune enseigne comprenait à merveille tout l'intérêt de sa nouvelle destination : « Je crois avoir trouvé, écrivait-il à son père, la meilleure position pour ce moment-ci. »

Après un court séjour à la Spezzia, le *Friedland* se

dirigea sur Naples, où éclatait peu après l'insurrection du mois de mai. « C'était une bien triste chose, écrivait M. d'Osery, que d'entendre ce feu roulant de mousqueterie et d'artillerie dans cette grande ville de quatre cent mille âmes... Nos embarcations, échelonlonnées le long de la côte, se tenaient prêtes à recueillir les fugitifs, quels qu'ils fussent. » Il avait été très ému par le spectacle de cette lutte, et aussi par l'étrange mobilité du caractère italien, qui, peu de jours après, semblait avoir tout oublié, et il disait avec surprise : « La ville a repris sa physionomie accoutumée. » On recommençait à vivre à Naples comme à l'ordinaire, et un bal donné à bord du *Friedland* acheva de dissiper les préoccupations de la politique. La situation n'était cependant pas dégagée encore : deux mois plus tard éclatait l'insurrection de Sicile, au moment où l'escadre revenait à Naples, après une tournée à Palerme. Le *Friedland* passa tout l'hiver, soit à Naples, soit à Baïa, et M. d'Osery put étudier sur place un état de choses qui intéressait vivement son esprit curieux de tous les grands événements de la politique et de la guerre. Il assista à tout le mouvement diplomatique auquel donnaient lieu le séjour de Pie IX à Gaëte et la seconde insurrection sicilienne en mars 1849. Sa correspondance de cette époque est remplie d'observations fines et précises sur les incidents dont il est témoin; il paraît avoir été frappé surtout par l'ardeur de la rébellion sicilienne et la passion affolée contre le gouvernement de Naples : « On a couvert Palerme ces jours-ci, dit-il, par des fortifications de campagne : ces ouvrages qui représentent un énorme travail ont été exécutés en peu de jours, gratuitement et d'enthousiasme, par toute la population sans distinction. On voyait dans les fossés toutes les classes de la société mêlées : les dames en robes de soie, avec leurs domestiques en livrée, portant la terre dans des paniers doublés de satin; les prêtres, les moines, les congrégations religieuses des deux sexes... tout cela accompagné d'une gaieté turbulente, des chants, des cris de guerre; les bandes de travailleurs agitaient en l'air leurs pelles et leurs paniers. » C'est là une description prise sur le vif et un curieux épisode de ces événements si sombres en eux-mêmes que la fantaisie italienne transformait ainsi en une sorte de fête bruyante et de pittoresque solennité.

Il est rare que les marins aient le temps de suivre les événements auxquels ils ne sont point directement mêlés. Leur vie effleure les choses, et ils sont trop souvent emportés dans leur course rapide de rivage en rivage. L'escadre quitta bientôt la Sicile pour faire une apparition de quelques mois en Asie Mineure, mouilla près de Smyrne, où M. d'Osery devait revenir bien des années plus tard pour commander la station du Levant; puis le jeune enseigne, retraversant la Méditerranée et l'Océan, toucha à Cadix, d'où il fit à

Séville une excursion qui lui laissa dans les yeux l'éblouissement des chefs-d'œuvre de Murillo. En novembre 1851, il était de retour à Toulon avec le grade de lieutenant de vaisseau.

IV

Il fallait, à ce moment, pour un jeune homme dont les débuts avaient été si heureux, dont les talents étaient unanimement reconnus, dont l'instruction était complète, que les circonstances lui vinssent en aide.

Après deux années à peu près insignifiantes pour M. d'Osery, la guerre de 1854 parut devoir ouvrir un nouveau champ à son activité : mais pendant les premiers mois, le bâtiment sur lequel il était embarqué, le *Christophe Colomb*, n'eut qu'à transporter des troupes à Gallipoli, et cette mission paraissait à bon droit assez monotone à un officier qui rêvait de participer à la grande lutte où l'armée devait se couvrir de gloire, lorsqu'en juillet 1854, l'expédition de la Baltique ayant été décidée, M. d'Osery fut désigné pour y prendre part en commandant la *Reine-Hortense* : « Voilà une bonne nouvelle, s'écriait-il, nous portons dans la Baltique le général Baraguey-d'Hilliers. » Il ne connaissait point ces parages, et il décrit, avec une vivacité où se révèle toute sa joie, les côtes danoises, les détroits, les archipels de la Suède : « De Waxham à Stockolm, on parcourt 15 milles dans un dédale d'îlots verdoyants. On se croirait dans un beau parc où les allées seraient des canaux. Des arbres, des mouvements de terrain, de jolies maisons de campagne aux toits rouges, avec des massifs de fleurs sous vitrines, et même çà et là de belles forteresses, rien n'y manque. » Aux îles d'Aland, il eut un coup d'œil particulièrement agréable pour un marin : « Nous sommes au milieu des escadres alliées qui offrent le plus formidable armement que j'aie encore vu » ; il était en face du fort de Bomarsund. Peu de jours après, il écrivait : « La forteresse de Bomarsund est prise. » Avec sa modestie accoutumée, il ne parlait point de lui dans son récit de cet important fait de guerre, et c'est encore dans les notes confidentielles du ministère de la marine qu'il faut trouver l'indication laconique, mais significative, des services qu'il avait rendus. Au lendemain de Bomarsund, le capitaine Exelmans et l'amiral Parseval Deschênes le désignaient comme un « officier de la première distinction », et demandaient pour lui la croix d'officier de la Légion d'honneur (août et octobre 1854). C'était la première fois qu'il avait commandé un bâtiment, et il avait montré sur-le-champ, dans cet exercice de l'autorité, les qualités fermes et douces, l'intrépidité calme, qui étaient le caractère même de son esprit et de son cœur.

A peine de retour en France, il aspirait à reprendre

la mer : « Je suis avec sollicitude, écrivait-il de Cherbourg, le 28 novembre, les péripéties du siège de Sébastopol : j'envie le sort de ceux de mes camarades qui prennent part à cette laborieuse conquête... Il n'y a de glorieux dans ce monde que ce qui est difficile! Comment ne désirerait-on pas prendre part à ce noble assaut de dévouement et de courage que font entre elles les deux plus intelligentes nations du monde, unies dans la plus juste et la plus sage des guerres? » Son vœu ne tarda pas à être accompli, mais en partie seulement et dans la mesure permise à la marine dans une lutte territoriale : ce n'était pas tout à fait ce qu'il eût souhaité sans doute, mais au moins il était au centre des événements.

La *Reine-Hortense* avait été envoyée en Crimée : il avait vu la baie de Kamiesch, le camp et les travaux autour de Sébastopol. L'attitude de l'armée l'avait pénétré d'admiration : « Elle bivouaque, écrivait-il, le 14 février 1855, dans un sol détrempé par la pluie et la neige; elle souffre du mauvais temps et n'en est pas moins pleine de courage, d'abnégation et de confiance. » Il avait le-regret de ne point se trouver parmi les troupes de débarquement; il eût voulu commander une batterie flottante : on trouve en ce moment un peu de mélancolie dans sa correspondance; ces voyages de va-et-vient de Toulon à Kamiesch ne satisfont pas sa noble ambition : « Ceux de mes camarades, dit-il avec tristesse, qui ont été détachés à terre pour ce siège pendant toute sa durée, auront recueilli là des souvenirs pour le reste de leur vie et de l'honneur pour toute leur carrière! » Il s'inquiète à la pensée que la guerre pourrait finir trop vite, avant d'avoir justifié ses généreuses espérances : la joie qu'un premier bruit de pacification avait causée à Paris, en avril 1855, lui inspire des expressions sévères : « Il y a là un indice de faiblesse morale, de manque de persistance, de goût trop prononcé pour les jouissances que donne l'argent »; et il ajoute : « La guerre est encore bonne à quelque chose, puisqu'elle est l'école de toutes les abnégations. » Les partisans de la politique pacifique, dont assurément nous ne voulons pas médire, n'approuveront peut-être pas ces paroles; mais on aime à rencontrer ces sentiments dans l'âme d'un soldat. Quelques mois plus tard, le jeune officier recevait la satisfaction qu'il avait longtemps désirée; il était appelé au commandement de la canonnière l'*Alarme*, et il repartait pour Sébastopol.

L'*Alarme* tirait peu d'eau et portait quatre gros canons de calibre de 50; elle était particulièrement destinée à faire campagne sur les côtes et à coopérer à l'attaque des fortifications. Elle parut à Kertch, puis dans la mer d'Azow, puis enfin, en octobre 1855, devant Kinburn, à l'embouchure du Dniéper. L'escadre dont elle faisait partie avait ordre de prendre le fort construit sur cette presqu'île : « Le soir, écrit

M. d'Osery, l'amiral nous a donné ses instructions. Comme on voulait, non seulement réduire le fort, mais prendre la garnison, on devait, pour première opération, débarquer les troupes sur la partie orientale, afin de couper toute retraite à l'ennemi. » L'*Alarme* était du nombre des canonnières qui se trouvaient chargées de protéger ce débarquement. L'attaque, contrariée d'abord par la violence de la mer, puis par les brumes, eut enfin lieu le 16 octobre. Je ne saurais mieux faire que de laisser M. d'Osery raconter ce brillant fait d'armes : son récit, par sa précision, est une véritable page historique : « Dès sept heures, dit-il, on a pris toutes les dispositions. Les bombardes se sont rangées en demi-cercle, voyant le fort de biais, et ont commencé à lui jeter des bombes. Trois batteries flottantes, dont la *Dévastation*, sont venues l'attaquer de front et de près; enfin les grandes canonnières, à une distance intermédiaire et à gauche des bombardes, ont complété le demi-cercle de feu qui entourait le fort du sud au nord, en passant par l'est. A neuf heures et demie, nous avons commencé à tirer. On nous a répondu, mais sans nous atteindre. Bientôt nos obus ont mis le feu à un vaste magasin, et le vent du nord rabattant la flamme et la fumée sur les batteries qui nous étaient opposées, ces batteries ont été abandonnées. Nous n'avons plus eu à combattre que pour aider nos camarades des batteries flottantes qui étaient vigoureusement engagées. Nous nous sommes approchés et nous avons pris à revers les canons qui tiraient encore. A midi, le fort avait cessé son feu, mais ne se rendait pas. Les vaisseaux français et anglais ont alors donné ; en même temps les frégates des escadres ont pénétré dans la baie de Kherson : le cercle de feu était complet. A deux heures, le fort n'était qu'un amas de décombres. »

De semblables journées révélaient complètement le mérite et le courage du jeune commandant de l'*Alarme* : « Il a rendu les meilleurs services, écrivait l'amiral Bruat, le jour de l'attaque de Kinburn. » Il eut, pendant l'hiver qui suivit, à déployer les qualités plus rares encore peut-être, une vigilance de tous les instants, une patience inaltérable : l'escadre se trouva prise dans les glaces à l'embouchure du Dniéper. Il fallut adopter, avec une sollicitude incessante, les dispositions pour un hivernage difficile, assurer le bien-être relatif de l'équipage, entretenir son activité, parer aux périls de la débâcle. Lorsqu'en janvier le dégel vint à se produire et que la canonnière se trouva entraînée par les glaces, pressée entre les banquises et forcée de manœuvrer dans des conditions particulièrement pénibles, elle fut préservée de toute avarie par la prudence de son commandant, qui montra, bien qu'il n'eût pas encore l'expérience de semblables incidents, une présence d'esprit et une habileté égales au danger. Tandis que plusieurs autres bâtiments virent les glaces rompre leurs ancres et subirent de sérieuses avaries, l'*Alarme*, dirigée avec un talent qu'apprécièrent tous les hommes de mer, évita les obstacles et arriva saine et sauve dans les eaux libres. M. d'Osery avait prouvé qu'il n'était pas seulement un rude soldat devant les bombes ennemies, mais encore un marin connaissant à fond son métier, digne d'un commandement supérieur et inévitablement destiné à parvenir.

La guerre de Crimée était terminée. Elle n'avait pas donné à M. d'Osery ce qu'il avait espéré. Proposé à plusieurs reprises pour la croix d'officier et le grade de capitaine de frégate, il ne put encore obtenir aucun de ces avantages; mais sa forte nature ignorait le découragement et l'impatience. Il n'était pas de ceux qui cherchent avant tout à arriver vite : loin de marchander ses services et son dévouement, il pensait n'avoir jamais assez fait et ne s'étonnait pas d'attendre. Il demandait des occasions d'être utile au pays. Aussi, à peine rentré en France, désira-t-il reprendre la mer; et il allait trouver dans les campagnes de Chine et de Cochinchine, mais au prix de nouvelles fatigues et de nouveaux dangers, des circonstances plus favorables, l'avancement qui lui était dû et qu'il a réellement, dans chacun de ses grades, mérité plusieurs fois avant de l'atteindre.

V

Au mois de juillet 1857, le comte d'Oscry était appelé à commander l'aviso à hélice le *Prégent*, et partait pour les mers de Chine. Cette campagne devait durer quatre ans. Son voyage, dont ses lettres permettent de suivre toutes les étapes, lui avait laissé les plus agréables souvenirs. Il toucha d'abord en Espagne, puis à Gorée, au cap de Bonne-Espérance, à Bourbon, à Maurice et à Pondichéry. Cette dernière ville paraît l'avoir très vivement intéressé ; il l'a décrite en grands détails avec beaucoup de finesse et d'humour : « Pondichéry se caractérise par trois négations : fontaines sans eau, glacières sans glace, hôtel des monnaies sans monnaie... Un grand nombre de domestiques sont parias et les autres sont musulmans. Ils ne peuvent pas changer l'assiette dans laquelle on a mangé du porc ; et les sectateurs de Brahma se garderaient de toucher à celle où l'on a mangé du bœuf. Les uns et les autres vont soigneusement se purifier après les repas des souillures qu'ils ont contracté au contact des impurs Européens... Les maisons de campagne n'ont que des ombrages de jardins. On conçoit peu la campagne dans un pays où l'on ne peut sortir le jour à cause du soleil et la nuit à cause des serpents. » A Poulo Punang, à l'entrée du détroit de Malacca, il fut en revanche enthousiasmé du paysage : « Les terres sont élevées et couvertes d'une admirable végétation ; les routes sont les allées d'un jardin, d'élégantes cascades tombent de tous les côtés de la montagne et creusent dans le roc de délicieuses salles de bain. » Quelques jours après, il arrivait à Woosung, à l'embouchure du Fleuve Bleu, après avoir touché à Singapoor ; il visitait Shang-Haï, « un fouillis de ruelles étroites garnies de boutiques d'un bout à l'autre », et dont le jardin public », avec des cours d'eau, des kiosques, des ponts en zigzags, des rochers artificiels, des arbres et des fleurs, présente tout l'ensemble bizarre que nous voyons dans les dessins chinois » ; enfin, après avoir parcouru en trois jours les 230 lieues qui séparent Shang-Haï des bouches du Peï-ho, il rejoignait la flotte que commandait l'amiral Rigault de Genouilly.

La première expédition de Chine venait d'être terminée : M. d'Osery arrivait en même temps que le baron Gros, notre ministre, et il put constater la forte résistance que les Chinois avaient opposée à nos escadres à Tien-Tsin, le 10 mai de cette même année 1858 : « Ils se sont fait tuer bravement, dit-il, tous leurs canons ont été démontés par nos boulets, et ils enlevaient leurs morts sous le feu de nos carabines... mais que sert le courage sans connaissances militaires ? La ville tartare a 700 000 habitants... nous la tenons en respect avec une garnison de cinq cents hommes. » Quelques jours après, la paix étant définitivement conclue, les escadres quittaient Tien-Tsin, et le *Prégent*, qui avait reçu le baron Gros à son bord, sortait du Peï-ho et se dirigeait au sud pour aller visiter la grande muraille. L'équipage put débarquer et s'approcher jusqu'à 200 mètres, mais là : « un rideau de cavalerie tartare, dit M. d'Osery, nous a barré le chemin, et leur chef nous a prévenus qu'il ne pouvait pas nous laisser passer sans ordres supérieurs. Il nous eût été facile de disperser ces cavaliers, mais le baron Gros n'a pas voulu qu'une partie de plaisir pût donner lieu à une collision. Nous nous sommes embarqués après avoir bien vu la grande muraille; mais sans avoir eu la satisfaction de la toucher ». Le Japon, où le *Prégent* avait ordre de se rendre, devait dédommager les voyageurs de cette déception.

La mission diplomatique à laquelle M. d'Osery se trouvait associé avait une importance de premier ordre pour notre situation dans ces parages. Les États-Unis et l'Angleterre venaient d'obtenir du Japon de grands avantages commerciaux, et le baron Gros devait assurer à la France les mêmes droits. Ce n'était point une négociation facile, eu égard aux préjugés du pays contre les étrangers, mais notre ministre avait une expérience, une fermeté et une finesse d'esprit qui ne pouvaient manquer de réussir. Il entama les pourparlers à Simoda, port situé à l'entrée du golfe de Yeddo, et les poursuivit avec tant de succès que trois semaines après son arrivée, il signait, le 8 octobre 1858, dans la capitale, où il avait obtenu de pénétrer, le traité qui a ouvert le Japon au commerce français. M. d'Osery profita de ce séjour pour visiter le pays dont il vantait les charmes dans sa correspondance : « Je suis allé me promener dans la campagne, elle est délicieuse; ce sont des sites montagneux avec des vallées fraîches et cultivées, des villages charmants, de vrais paysages de Watteau. » En même temps il ressentait l'impression la plus favorable des hommes et des choses. « Tout respire dans ce pays le calme et l'abondance. Les Japonais me paraissent un peuple parfaitement heureux : leurs lois sont très rigoureuses, ils ont le bon sens de ne les point violer, et les chefs ont la sagesse de ne pas abuser d'un pouvoir très étendu. » C'était peut-être un jugement bien optimiste, et en tout cas quelque peu superficiel; lorsque, plus tard, comme on le verra, M. d'Osery revint au Japon, il lui fut loisible d'étudier de plus près les institutions et de comprendre ce qu'il n'avait fait qu'entrevoir à sa première visite; il n'eut pas le temps de se rendre bien compte du curieux pays dont notre diplomatie et notre marine n'examinaient alors qu'en passant les mœurs et les paysages. L'organisation politique de cet archipel leur était en particulier inconnue, et ce ne fut que bien des années après que l'on sut en France les détails de la récente histoire du Japon, la forme féodale de la société, et les aptitudes de ce peuple pour la civilisation européenne. On confondait volontiers à cette époque les Japonais avec les Chinois.

Cette campagne achevée, M. d'Osery fut chargé d'une mission fort honorable et particulièrement sympathique à son âme chrétienne. Il devait se rendre au Tonquin et y sauver les prêtres catholiques menacés par une persécution de jour en jour plus redoutable. Après avoir visité à Nafa, dans les îles Leou-Tcheou, les pauvres missionnaires qui, au milieu des populations hostiles, se bornaient à l'étude du japonais pour se faciliter un jour l'accès du Japon et la propagande, le *Prégent* arriva au Tonquin, mais il y rencontra des difficultés fort sérieuses : l'expédition de Cochinchine était commencée, et le Tonquin faisant partie de l'empire d'Annam, nous étions là en plein pays ennemi ; il convenait donc d'éviter tout acte d'hostilité, qui eût compromis le succès de l'œuvre qu'on voulait accomplir. M. d'Osery, avec son caractère froid, sa fermeté prudente, était bien l'homme indiqué pour une telle entreprise : il avait jugé sur-le-champ qu'il fallait s'avancer avec une extrême réserve, n'inspirer aucune défiance, gagner du temps pour que les missionnaires, habilement prévenus, pussent le rejoindre, et cependant agir assez vite pour prévenir les mesures contraires. Il parvint à embarquer un évêque et trois

Pères dominicains ; mais il eut le regret, malgré tous ses efforts, de ne pouvoir emmener un missionnaire, qui demeura bloqué dans un village où il avait été découvert. Les autres prêtres de la mission refusèrent de fuir, préférant demeurer, malgré tous les périls, au milieu des populations idolâtres et braver, avec un indomptable héroïsme, une persécution que la guerre avait rendue plus soupçonneuse et plus active.

Le *Prégent* revint à Tourane, et M. d'Osery se trouva aussitôt engagé au milieu des opérations brillantes qui ont amené la conquête de la Cochinchine. Son nom restera attaché au souvenir de cette expédition qui donna à la France une riche colonie. En février 1859, il arrivait en vue de Saïgon. L'amiral Rigault de Genouilly lui confia le commandement de la canonnière l'*Avalanche*, au moment où l'on allait attaquer les forts qui défendaient l'embouchure de la rivière. Le comte d'Osery a raconté ce fait d'armes avec une émouvante rapidité : « Le 10, au matin, dit-il, on attaqua en même temps les deux ouvrages : les corvettes se chargèrent de la batterie ; les canonnières, du fort. L'ordre de combat plaçait l'*Avalanche* droit devant la batterie ennemie : nous étions à 300 mètres. C'était la première fois que je voyais les boulets arriver sur le pont de mon bâtiment. L'*Avalanche* fut seule atteinte par les projectiles ennemis : « Elle en avait sept dans la coque et trois dans la mâture. Un boulet traversant la muraille était entré dans mon salon et s'était logé dans ma bibliothèque. Le 13, on avança jusqu'à un second barrage : il fut coupé pendant la nuit, et le 14, au matin, on poussa en avant. A cet endroit, la rivière faisait un coude et nous savions que de l'autre côté deux batteries nous attendaient. L'*Avalanche* devait marcher la seconde, mais elle fut la première, le bâtiment d'avant ayant une avarie de machine. Au détour du chemin, je me trouvai nez à nez avec une batterie : je la serrai à 100 mètres. Nous ouvrîmes le feu en même temps, mais le sien ne dura pas cinq minutes. Nos autres bâtiments étaient sur mes talons et me soutinrent de leurs canons, mais je puis dire que tout était décidé avant qu'ils eussent tiré un coup. Comme les autres, cette batterie fut incendiée : sa camarade de la rive opposée n'essaya pas de combattre; on n'eut que la peine d'y mettre le feu. L'*Avalanche* avait eu un boulet qui, sans blesser personne, l'avait traversée de part en part. Le jour même, nous étions en vue de deux autres ouvrages. Le 16, au matin, quatre bâtiments, dont l'*Avalanche*, rangés de front comme un quadrige, tournèrent le dernier coude qui nous séparait de l'ennemi. Il nous salua sur-le-champ de projectiles bien dirigés : on entendait le bruit mat de leurs coups dans la coque de nos navires. La riposte ne se fit pas attendre, et pendant trente-cinq minutes, il y eut un très joli combat. On voyait les Annamites charger et tirer bravement leurs pièces. Enfin la partie devint trop inégale pour eux; leur feu diminua, et nous nous lançâmes en avant pour achever l'œuvre de près. D'après l'ordre de l'amiral, l'*Avalanche* marcha la première : je trouvai le fort évacué et je jetai l'ancre dans les faubourgs de Saïgon. »

Nous avons dû citer en entier cette page historique : on ne sait, il nous semble, ce qu'il faut louer davantage de la netteté du récit ou de la modestie du narrateur. Il est impossible de mieux exposer un important fait de guerre et de parler de soi plus sobrement. En réalité, cette action si rapide et si bien conduite nous ouvrait la Cochinchine : le résultat final n'était plus douteux. La citadelle de Saïgon fut enlevée quelques jours après par les troupes de débarquement commandées par l'amiral Jauréguiberry que M. d'Osery eut l'honneur d'accompagner comme aide de camp. L'armée annamite, forte de cinq mille hommes, fut résolument attaquée par nos troupes au nombre d'environ huit cents marins, culbutée, rejetée dans son camp; ses positions furent enlevées, et elle perdit plusieurs drapeaux et dix-huit canons. M. d'Osery, qui, d'après les notes envoyées au ministre de la marine par l'amiral Rigault de Genouilly, avait été non moins remarquable « par son brillant courage » dans cette dernière affaire que par sa conduite dans l'attaque des forts de la rivière de Saïgon, fut nommé officier de la Légion d'honneur (20 avril 1859). Sa conduite seule avait parlé pour lui; il est vrai qu'elle était assez éloquente.

VI

La seconde expédition de Chine était décidée. La violation par les Chinois du traité de Tien-Tsin et leur refus de recevoir les ministres de France et d'Angleterre avaient amené les deux États à la grave résolution de reprendre les hostilités. On connaît les incidents de cette glorieuse entreprise, dans laquelle cinq mille soldats européens vinrent à bout des forces du Céleste Empire et s'avancèrent jusque dans Péking. M. d'Osery fut envoyé avec l'*Avalanche* à Hong-Kong, à Canton et à Tche-Fow, où il assista au débarquement de l'armée. Après une rapide croisière, pendant laquelle il captura les jonques nécessaires au transport de l'expédition, il fut chargé de franchir le passage de la rivière Séthong, défendu par des forts. On voulait ainsi éviter d'attaquer de front les fortifications du Péi-ho, débarquer les troupes à 5 lieues au nord et prendre ces ouvrages à revers. Le plus grand succès justifia cette manœuvre dirigée par l'amiral Protet, qui avait son pavillon sur l'*Avalanche*, placée ainsi une fois encore en première ligne. M. d'Osery se trouva donc avoir contribué à une opération considérable qui permit à l'armée de débarquer aisément, et ce fut des forts ainsi enlevés que nos troupes partirent pour marcher sur Péking. Le reste de l'expédition était l'affaire des troupes de terre, mais le service rendu par l'*Avalanche* ne pouvait pas être oublié. Sur les propositions réitérées des amiraux Rigault de Genouilly et Charner, M. d'Osery était nommé capitaine de frégate le 7 septembre 1860. Le ministre de la marine, pour bien marquer son estime toute particulière au commandant de l'*Avalanche* et la haute valeur qu'il attachait à d'aussi excellents services, écrivit personnellement une lettre à la mère du nouvel officier supérieur, pour lui annoncer une promotion qui fut accueillie, d'ailleurs, avec une joie sincère par tous les témoins des courageuses actions qui l'avaient méritée.

Elle se trouva consacrée immédiatement par de nouveaux périls et de nouveaux succès. M. d'Osery fut appelé en Cochinchine, où l'amiral Page continuait la conquête commencée si brillamment l'année précédente. La flotte française, rejointe par l'*Avalanche*, remontait la rivière de Saïgon, cette fois au-dessus de la ville, pour couper la retraite à l'ennemi, débusqué des forts de Kin-hoa. Plusieurs engagements victorieux vinrent à bout des batteries annamites établies dans cette partie du fleuve. L'*Avalanche* ne reçut que quelques boulets dans sa mâture. Cette dernière entreprise avait assuré à la France la possession de la Cochinchine; elle marqua la fin de la première campagne de M. d'Osery dans l'extrême Orient. En avril

1861, il quittait l'*Avalanche* pour revenir en France, non sans une émotion que comprendront tous ceux qui ont été mêlés à de grands événements : « Malgré la joie profonde que j'éprouvais de partir pour la France, écrivait-il à cette date, je n'ai pu échapper à un sentiment de regret, en me séparant de cette canonnière que je commandais depuis vingt-six mois, et en laissant derrière moi tout un personnel que j'aimais. » C'était, en effet, une des brillantes périodes de sa vie qui venait de se terminer.

VII

Si l'on jugeait uniquement par la correspondance que j'ai sous les yeux de la campagne que M. d'Osery, à peine de retour de Chine, accomplit au Mexique, il semblerait qu'il se fût borné à des allées et venues de Brest à la Vera-Cruz et à deux excursions à New-York. Soit qu'il ait eu trop peu de loisirs pour continuer ce récit de sa vie qu'il avait si fidèlement envoyé aux siens depuis son entrée dans la marine, soit plutôt qu'il ait craint d'inquiéter sa mère par le récit des périls qu'il bravait sur des côtes infestées par la fièvre jaune, ses lettres de cette époque sont tout à fait incomplètes et superficielles. Sans doute il ne fut pas mêlé aux événements militaires, mais il montra là, peut-être mieux encore que partout ailleurs, la grandeur de son dévouement au devoir et la fermeté de son âme. Embarqué d'abord sur le *Montézuma* en novembre 1861, il arrivait à Vera-Cruz en mars de l'année suivante; il y assistait aux débuts de la lutte, et pressentait, dès cette époque, le développement de la politique qui allait suivre : « Nous voulons fonder au Mexique, disait-il, une restauration monarchique... le trône de Mexico sera-t-il la rançon de Venise? » En vrai soldat, il ne discute pas; on ne trouve dans ses lettres ni approbation de l'entreprise ni dissertations politiques, tout au plus quelques mots qui indiquent ses inquiétudes. En septembre, il assistait à l'un des plus douloureux spectacles pour l'âme d'un marin : la fièvre jaune régnait à Vera-Cruz et la flotte était particulièrement éprouvée. Chaque jour la lugubre maladie faisait de nouvelles victimes; l'un de nos vaisseaux, le *Masséna*, perdait successivement deux capitaines en quelques jours; dans ces graves circonstances, M. d'Osery reçut un de ces redoutables témoignages d'estime qu'on n'accorde qu'aux hommes dont on a déjà apprécié l'indomptable énergie; les âmes héroïques seules savent les comprendre et les accepter. Je trouve dans une lettre particulière de l'amiral Jurien de la Gravière le récit de cet épisode et ne puis mieux faire que de citer cette belle page : « Je cherchais, dit l'illustre marin, parmi les officiers supérieurs présents sur rade, un remplaçant au vaillant commandant Morier, qui emportait tous nos regrets, mais je ne me dissimulais pas que mon choix serait, pour celui qui en deviendrait l'objet, la faveur la plus périlleuse. Le comte d'Osery me sortit de perplexité en sollicitant l'honneur d'aller braver un danger que sa position l'appelait le dernier de tous à courir. Je fus vivement touché de ce dévouement chevaleresque. M. d'Osery en trouva sur-le-champ sa récompense dans l'enthousiasme qui l'accueillit à bord du *Masséna*. L'équipage, en proie au fléau qui le décimait, avait pris sous cette rude épreuve quelque chose de l'allure martiale d'un équipage embossé sous le feu de l'ennemi. Il acclama son nouveau commandant comme il l'eût fait un jour de combat. Les ravages de la fièvre jaune prirent cependant une telle intensité, que je dus me résoudre à éloigner le vaisseau des parages où son effectif eût fini par se consumer tout entier. J'envoyai le *Masséna* aux États-Unis. » Ajoutons à ces paroles, à ce témoignage si honorable pour la mémoire du comte d'Osery, que sa conduite en cette circonstance frappa d'admiration tous les marins de l'escadre. Ses lettres à cette date sont silencieuses sur les dangers dont il était entouré, mais l'amiral Jurien de la Gravière s'empressa de faire connaître au gouvernement la noble conduite du commandant du *Masséna*, en exprimant le regret qu'il « n'ait pas encore rempli les conditions pour le grade de capitaine de vaisseau ». Le chef de l'escadre du Mexique ajoutait : « Esclave de son devoir, il donne à tous l'exemple, il a mérité ce grade par ses services, il a prouvé qu'il était capable de l'exercer dignement ; j'espère que le ministre lui fournira promptement l'occasion de terminer le temps qui lui manque en lui confiant un commandement à la hauteur de sa capacité. » La campagne du Mexique ne donna donc aucun avantage matériel au capitaine du *Masséna*, mais elle avait attesté une fois de plus ses grandes qualités morales et elle avait accru l'honneur de son nom. Le désintéressement même de sa conduite, que les règles de l'avancement ne permettaient pas de récompenser, la rendait plus belle encore; il n'entrait aucun calcul dans cette âme sévère, uniquement inspirée par le respect de la discipline et l'amour de la patrie.

VIII

Après tant de courses et d'expéditions lointaines, M. d'Osery avait bien gagné quelque temps de repos en France. Nommé au commandement de la station de Granville, il passa seize mois dans cette situation paisible. Mais, pour une âme aussi active et qui rêvait les grands espaces, une telle mission était trop calme, et ce rôle était sans horizon. En décembre 1864, il repartait pour l'extrême Orient, sous les ordres de l'amiral Roze, qui allait commander la station des mers de la Chine. Il revit désormais pacifiés tous ces pays qu'il avait parcourus au milieu des émotions de la guerre, la Cochinchine dont il avait contribué à assurer la conquête, et le Céleste Empire où il s'était signalé avec nos victorieuses escadres. Ce voyage réveillait en lui, à chaque étape, de précieux souvenirs ; il retrouvait partout la trace de quelque péril, de quelque fait d'armes, des luttes dont il pouvait dire : *quorum pars magna fui.*

A Saïgon, en juillet 1865, il voyait se construire une ville nouvelle sur les ruines de celle que la conquête avait détruite : à Hong-Kong, il était frappé du développement qu'avait pris en si peu de temps, sous l'influence de la colonisation anglaise, une cité née de la veille ; à Woosung, à Ché-Fow, aux bouches du Péi-ho, il admirait la puissance du génie européen qui a renouvelé l'aspect de ces parages et qui, partout où il agit librement, « fait naître la prospérité, renouvelle l'aspect de la race indigène et transforme d'anciens déserts en villes considérables, en entrepôts commerciaux, en centres de vie laborieuse et féconde ». Son esprit étendu et perspicace, à la fois préoccupé des intérêts pratiques de chaque jour et comprenant dans un ordre d'idées philosophiques la force des progrès qui s'accomplissent, aimait à surprendre dans ces contrées la bienfaisante action de l'Europe et un nouveau développement de l'humanité. Sans dédaigner les antiques royaumes de l'Asie, il apercevait leur décadence ; il pressentait que le mouvement maritime et commercial de l'Europe, venu à son heure, servi par l'opportunité de son intervention autant que par la supériorité de ses moyens, devait peu à peu transformer ces régions lointaines, et il était satisfait d'avoir été associé à cette vaste entreprise. La même pensée le dominait en Chine et au Japon, soit que, pendant un séjour assez long à Yokohama, il étudiât de près cette fois ces mêmes mœurs et cette même histoire japonaise qu'il avait à peine entrevues à son premier passage et dont il décrivait avec exactitude dans ses lettres familières les véritables caractères et la situation précise, soit que, dans une excursion à Péking, il admirât les grandeurs du passé, en constatant la faiblesse présente « d'une civilisation qui, dit-il, n'a pas achevé de mourir ». Il remarquait surtout, prenant les choses sur le fait, pour ainsi dire, l'antithèse de Péking et de Hong-Kong : « Tandis que sous un climat salubre et au centre de provinces qui pourraient être fertiles, Péking n'offre que ruines, chaos et misère, Hong-Kong, né depuis vingt-trois ans, sous le ciel des tropiques, au pied d'un rocher aride, est une ville de palais, remplie d'ombre, de fraîcheur et de confort. Mais ce qui est surtout instructif, c'est la comparaison du Chinois dans les deux villes. Autant celui de Péking est abaissé au moral et au physique, autant l'autre paraît propre, heureux et intelligent. » C'est ainsi et en examinant avec une attention sans cesse en éveil les hommes et les choses en même temps que les paysages, qu'il trouvait un attrait sans cesse renouvelé dans les courses de la station qui l'amenaient, selon les besoins du service confié à sa sollicitude, sur les divers points de ces mers lointaines.

Il était depuis deux années préoccupé de ces études et de ces voyages, lorsqu'un incident imprévu lui rendit pour un instant les émotions de la guerre. De sombres nouvelles étaient venues de Corée au commandant de la station française ; le gouvernement de ce pays inconnu, qui s'était toujours appliqué à fermer l'accès de son territoire aux étrangers et au christianisme, avait surpris des missionnaires français, longtemps cachés, et qui, malgré tant d'obstacles, avaient fondé une petite église et poursuivaient une périlleuse propagande. Une persécution sanglante fut la conséquence de cette découverte, et l'on sut bientôt que neuf prêtres et deux évêques avaient péri. L'amiral Roze, justement ému du sort de nos compatriotes, résolut de demander satisfaction de leur mort et parut sur les côtes coréennes, en octobre 1866, avec deux corvettes, deux canonnières et deux avisos à vapeur. Il n'était pas aisé d'approcher de ces rivages jusqu'alors inexplorés. Dix ans auparavant, l'amiral Guérin, sur un bâtiment à voiles, avait été arrêté par des difficultés de navigation insurmontables et n'avait pu suivre les côtes de la péninsule. L'amiral Roze fut plus heureux; il trouva un canal entre la terre ferme et les îles, et put faire débarquer ses troupes devant la citadelle de Kang-Hoa. M. d'Osery commandait l'une des deux colonnes expéditionnaires et fut chargé de reconnaître le pays; il se trouva en face d'un mur crénelé et de plusieurs forts : « J'embarquai ma troupe, dit-il, et je fis tirer à la fois sur le fort et sur la porte. Les pauvres Coréens ne comptaient pas sur la justesse de nos armes. Nous vîmes tomber un soldat qui tenait un drapeau, puis d'autres; au bout de dix minutes, la muraille était déserte. Elle avait 4 mètres de hauteur sans fossé. Je la fis escalader par un homme agile; il me jeta un bout de corde avec lequel j'atteignis le sommet et ainsi des autres. Nous étions maîtres, sans avoir éprouvé de pertes, d'une porte de la ville, d'un fort et de 500 mètres de muraille. Le 16 octobre, on résolut d'occuper Kang-Hoa : tout le corps se mit en marche, l'amiral en tête; je faisais l'avant-garde avec ma colonne... » La ville prise, M. d'Osery s'y installa du mieux qu'il put, mais pour peu de temps. Le 10 novembre, il reçut l'ordre de brûler les bâtiments où il avait établi son bivouac et d'évacuer le pays. L'amiral Roze, satisfait d'avoïr infligé aux Coréens un châtiment mérité, n'entendait point prolonger une occupation inutile. M. d'Osery retourna au Japon, en décembre de la même année ; il était élevé au grade de capitaine de vaisseau. L'expédition de Corée, si brillamment conduite, l'avait placé en première ligne ; l'opinion du ministère de la marine était fixée, il était du nombre des officiers supérieurs qui devaient, après les délais et les services réglementaires, atteindre le grade de contre-amiral. En attendant, il rentrait en France en juin 1867, heureux de ses succès, après avoir, depuis 1841, c'est-à-dire depuis vingt-six ans, assisté à plusieurs des grands événements du temps et parcouru toutes les mers du globe.

IX

Pendant le long congé qu'obtint alors M. d'Osery, il épousa une femme digne de lui par l'élévation de son caractère et dont l'affection profonde devait être désormais la joie de sa vie aussi bien que sa consolation pendant les pénibles épreuves physiques qu'il était destiné à subir. Il trouvait auprès d'elle le bonheur d'être apprécié et aimé comme il méritait de l'être, et il reposait doucement à son foyer, dans la profonde sérénité d'une existence paisible et d'un amour partagé, son esprit et son âme agités depuis tant d'années par tant de travaux, de fatigues et de périls. Mais les mauvais jours allaient venir à la fois pour lui-même et pour la patrie.

A la fin de 1869, il était appelé à un commandement dans la station du Levant, sous les ordres de l'amiral Chevalier. A peine était-il en mer qu'il reçut la douloureuse nouvelle de la mort de sa fille, triste présage des événements qui devaient l'arracher pendant tant d'années à la vie active et briser enfin prématurément une carrière si noblement poursuivie. Il eut cependant encore quelques instants heureux durant un séjour de plusieurs mois au Pirée, où Mme d'Osery était venue le rejoindre ; ce fut, on peut le dire, la fin de son bonheur. Peu après, la guerre était déclarée ; la corvette la *Belliqueuse*, sur laquelle il se trouvait embarqué, recevait l'ordre de franchir le canal de Suez et de se rendre à Aden et à Pointe-de-Galles en destination de la Nouvelle-Calédonie.

M. d'Osery ressentit profondément cette séparation, dont il n'entrevoyait pas le terme. Sa santé, d'ailleurs, altérée par tant d'années pénibles, exigeait le calme ou, du moins, de plus faciles voyages. Il ne voulut cependant pas tenir compte des conseils de ses amis et des avertissements de la science. Une pensée dominait tout dans ce cœur si français : la nécessité de servir la patrie engagée dans une lutte redoutable et d'être à son poste quand l'heure des épreuves serait venue. Malgré de violentes souffrances qu'il cachait soigneusement à sa famille, — il n'y a pas un mot qui y fasse même allusion dans sa correspondance, — il traversa la mer Rouge et arriva jusqu'à Aden. Mais là il se trouva en présence de l'impossible : la maladie, jusqu'alors domptée par sa volonté inflexible, fut la plus forte et domina, à son tour, non pas l'âme qui prétendait la vaincre, mais le corps qui dut céder. L'amiral Chevalier le fit transporter d'office sur un bâtiment qui rentrait en France.

Le comte d'Osery, qui n'aimait point les phrases, n'a jamais raconté la douleur morale qu'il a ressentie alors : dans les circonstances les plus pénibles, ce soldat intrépide, qui avait consacré sa vie entière à son pays et à l'accomplissement des plus rudes devoirs, était condamné à l'inaction pour un temps illimité, et il lui fallait assister inutile, comme une femme ou comme un vieillard, aux angoisses de la patrie. Mais ce qu'il n'a pas écrit, le morne désespoir dont il fut accablé pendant les huit longs mois qu'il dut passer dans son lit à Toulon, ceux qui l'entouraient le savent : ils savent tout ce qui s'agitait dans cette brave et généreuse nature, qui oubliait ses souffrances pour ne penser qu'aux malheurs de la France, et qui ne pouvait se consoler de ne point prendre part à ces luttes héroïques des marins français, devenus soldats au siège de Paris et dans la campagne de la Loire.

Quatre années s'écoulèrent pour lui dans les alternatives d'une maladie cruelle. Parfois il paraissait plus fort, puis il retombait sous une nouvelle atteinte : toujours calme et souriant, ne parlant à personne des maux qu'il endurait, il nous émouvait tous par sa silencieuse énergie. Son visage seul, profondément altéré, ses cheveux blanchis avant l'âge, sa pâleur marmoréenne, révélaient seuls tout ce qu'il avait souffert. Celui qui écrit ces lignes se souviendra toujours de l'impression douloureuse qu'il éprouva en le revoyant après la guerre; il reconnaissait à peine l'ancien ami de sa famille, celui qui lui avait toujours témoigné une affection si bienveillante; il ne le retrouva que dans sa conversation paisible et charmante, dans la mâle simplicité des sentiments, dans la cordiale expression d'une amitié sincère. La maladie n'avait changé que les traits, le cœur et l'esprit avaient gardé toute leur vigueur, toute leur grâce et toute leur jeunesse.

Ce fut cette persévérance même de la force morale et des ambitions généreuses qui trompa le comte d'Osery et qui lui fit considérer comme une guérison complète une amélioration de sa santé qui n'était en réalité qu'une précaire convalescence. Nous apprîmes, en 1875, avec un étonnement rempli d'inquiétude, qu'il allait reprendre la mer. Chargé du commandement de la corvette cuirassée l'*Alma* dans l'escadre d'évolutions, il fut nommé l'année suivante commandant de la station du Levant. On remarque dans sa correspondance de cette époque, à travers la tristesse qu'il ressent d'avoir quitté la noble femme qui, peudant les quatre dernières années, lui avait prodigué les soins les plus assidus et les plus tendres avec un dévouement de tous les jours, on remarque, dis-je, un souci plus vif que jamais pour la tâche qui lui était confiée, une ardeur empressée, en quelque sorte, à réparer par de nouveaux efforts le temps que la maladie avait dérobé au service de la patrie. Jamais il n'avait été plus attentif à toutes choses, comme s'il eût voulu se persuader à lui-même que ses forces n'avaient pas décrû. « Il lutte, écrit l'amiral La Roncière le Noury, contre une mauvaise santé, qui ne lui ôte en rien de son zèle réfléchi et de la correction de sa manière de servir. » Peu après, l'amiral Bonie exprimait la même pensée : « Il pousse à l'extrême, jusqu'au détriment de sa santé, le sentiment du devoir. »

C'était la dernière campagne du comte d'Osery. Elle fut extrêmement active et variée. Il toucha successivement à Lisbonne, à Tanger, à Alger, à Tunis, à Tripoli, puis, en décembre 1876, il arrivait à Smyrne au moment où les affaires orientales devenaient tout à fait sombres. La conférence de Constantinople était réunie depuis quelques jours, et déjà le bruit se répandait qu'elle n'aboutirait point, que la guerre était inévitable. L'heure était, en effet, grave et solennelle. Pendant que les diplomates européens luttaient avec une consciencieuse énergie contre l'obstination de la Porte et, comprenant l'intensité de la crise, s'efforçaient de persuader aux ministres du sultan la nécessité de concessions décisives, le gouvernement ottoman se renfermait de plus en plus dans un système de propositions inacceptables, parce qu'elles étaient inefficaces et semblaient jouer avec le suprême péril. Le commandant de la station du Levant constatait en Asie Mineure d'incessants préparatifs de guerre, et ce fut sans surprise qu'il reçut l'ordre de se rendre à Constantinople, pour s'y mettre à la disposition de l'ambassadeur de France. La conférence, en effet, était close : es représentants des puissances devaient quitter le Bosphore, en accréditant des chargés d'affaires; leur départ allait consommer la rupture de la Turquie avec l'Europe.

Le 20 janvier 1877, le comte d'Osery arrivait à Constantinople sur le *Châteaurenault*. Je le vis le soir même; et, dans un long entretien, nous échangeâmes l'expression de nos inquiétudes sur l'avenir et la durée de l'empire ottoman. On ne doutait point que le départ des ambassadeurs ne fût proche. Vainement plusieurs d'entre eux essayaient, malgré la dissolution de la conférence, de profiter des retards imposés par une violente tempête de la mer Noire, pour amener, du moins, quelques engagements diplomatiques susceptibles de laisser encore quelques espérances. La Turquie était définitivement engagée dans la voie fatale : l'enthousiasme religieux étouffait toute pensée de prudence; c'était avec une satisfaction insensée et presque ironique que la population de Constantinople attendait tous les jours le spectacle de tous les ambassadeurs s'embarquant à la fois et la laissant à elle-même. Le représentant de la France, M. le comte de Bourgoing, qui avait eu le rare mérite, dès l'origine, de ne se faire aucune illusion sur la marche des choses et de le dire à son gouvernement, voulait ne partir ni le premier ni le dernier. Avant lui, lord Salisbury, sir Henry Elliot, le général Ignatiew, le comte Zichy, le baron de Werther, avaient pris la mer. Le 25 janvier, malgré le mauvais temps qui, pendant cette semaine historique, avait persévéré dans le Bosphore, le comte de Bourgoing montait sur le *Châteaurenault*. Je reconduisis à bord l'ambassadeur de France. Le temps était sombre, la mer houleuse, nous avions tous le cœur serré de ce dénouement des négociations vainement poursuivies, et l'avenir de la Turquie nous apparaissait livré au plus redoutable des hasards. M. d'Osery me dit adieu avec un accent grave et ému dont je ne perdrai jamais le souvenir. Cet adieu était plus triste que je ne le supposais alors : je serrais la main d'un ami que je ne devais plus revoir.

M. d'Osery commanda la station du Levant à Smyrne, pendant tout le temps de la guerre. Sa correspondance de cette année 1877 et du commencement de 1878 le montre cherchant à donner le change à sa femme sur sa santé chancelante et à se tromper lui-même. Il s'absorbe dans le récit des incidents de la station et des péripéties de la guerre. Là encore son jugement si ferme et si sûr ne lui fit point défaut. Dès les premiers jours, il avait compris la folie des espérances ottomanes et la certitude de la défaite des armées turques. Il était frappé de tous les symptômes de la décadence de l'empire, de sa triste administration, de la corruption presque universelle. Témoin attentif à tous les détails, profondément ému des événements sombres dont il suivait, en homme de guerre et en homme politique, les redoutables développements, il étudiait à la fois, dans la constitution intime des choses et dans les faits de la lutte, les chances de l'avenir, et il était amené, trop vite selon moi, à ne plus croire à la durée de la monarchie ottomane en Europe. Et cependant il rendait pleine justice à la résistance : « Les Turcs sont braves et résignés », écrivait-il, « ils font les plus louables efforts pour reconstituer leurs armées ». Il constatait avec sympathie, comme nous le faisions nous-mêmes à Constantinople, la persévérante énergie de ces vaillantes troupes, le calme des populations travaillées par les plus douloureuses angoisses, mais il ne doutait point de l'issue. Quant à la Russie, il admirait également son courage; mais peut-être jugeait-il les choses avec un remarquable sens politique (l'avenir le dira) lorsqu'il écrivait, au lendemain de la victoire (28 février 1878) : « Elle s'est engagée dans une affaire dont elle connaîtra plus tard les lourdes charges, les grandes difficultés et qui lui réserve, je crois, de dures surprises. »

Le gouvernement avait pleinement apprécié les services rendus pendant cette crise par le commandant de la station du Levant, sa parfaite entente de ses devoirs, sa vigilance que rien ne venait troubler, le tact et la sagesse dont il avait fait preuve pendant l'incident délicat d'une rixe grave entre des matelots français et allemands, où il sut concilier le soin de notre dignité avec la plus exacte prudence. Le 7 août 1877, il avait reçu la croix de commandeur de la Légion d'honneur, et l'on n'attendait plus que l'expiration du temps d'embarquement réglementaire pour l'élever au rang de contre-amiral.

Le moment tant désiré où il devait rentrer en France et revoir les siens arriva enfin, après divers retards qui lui furent pénibles, et, en juin 1878, il touchait le sol de la patrie. Mais hélas! le mal cruel avait fait dans ces derniers temps de rapides progrès : le comte d'Osery, à peine arrivé à son château de Soucinia, près de Blois, sentit ses forces décroître et approcher sa fin. Vainement les soins les plus affectueux entouraient son lit de douleur; vainement il reçut sa nomination au grade de contre-amiral qu'il avait gagné par toute une vie de labeur et de périls; il était frappé à mort et il ne put même ressentir aucune joie de ce couronnement de sa carrière. Il sentait bien que sa faiblesse était irrémédiable; et c'est ainsi qu'au moment où son ambition semblait satisfaite, où tous les bonheurs de la vie l'accueillaient à son retour, ce vaillant homme de mer, ce noble serviteur de la France, rendait le dernier soupir, en chrétien et en soldat (22 août 1878).

Son souvenir restera cher à la marine française dont il était l'un des chefs éminents, cher à sa famille qui lui avait voué tant de tendresse, cher à ses amis, à ses camarades, qui connaissaient toute la vigueur sereine de son esprit, toute sa distinction affable et toute la hauteur de son cœur. Tout récemment, l'amiral Jurien de la Gravière écrivait : « Il était certainement un des officiers les plus distingués que j'eusse rencontrés dans ma longue carrière; il n'est pas de situation si haute à laquelle il ne pût aspirer. » Tout ce passé brillant, toutes ces belles espérances d'avenir, se sont évanouis; mais du moins, et c'est là notre consolation, il faut reconnaître qu'une telle vie, de tels exemples, de tels sentiments d'abnégation et d'amour pour la patrie ne sont point stériles. C'est par des hommes de cette trempe que la grandeur du pays persiste malgré tant d'épreuves, et que se continue la tradition des mâles vertus qui sont l'honneur de la marine française.

PARIS. — E. DE SOYE ET FILS, IMPRIMEURS, 5, PLACE DU PANTHÉON.

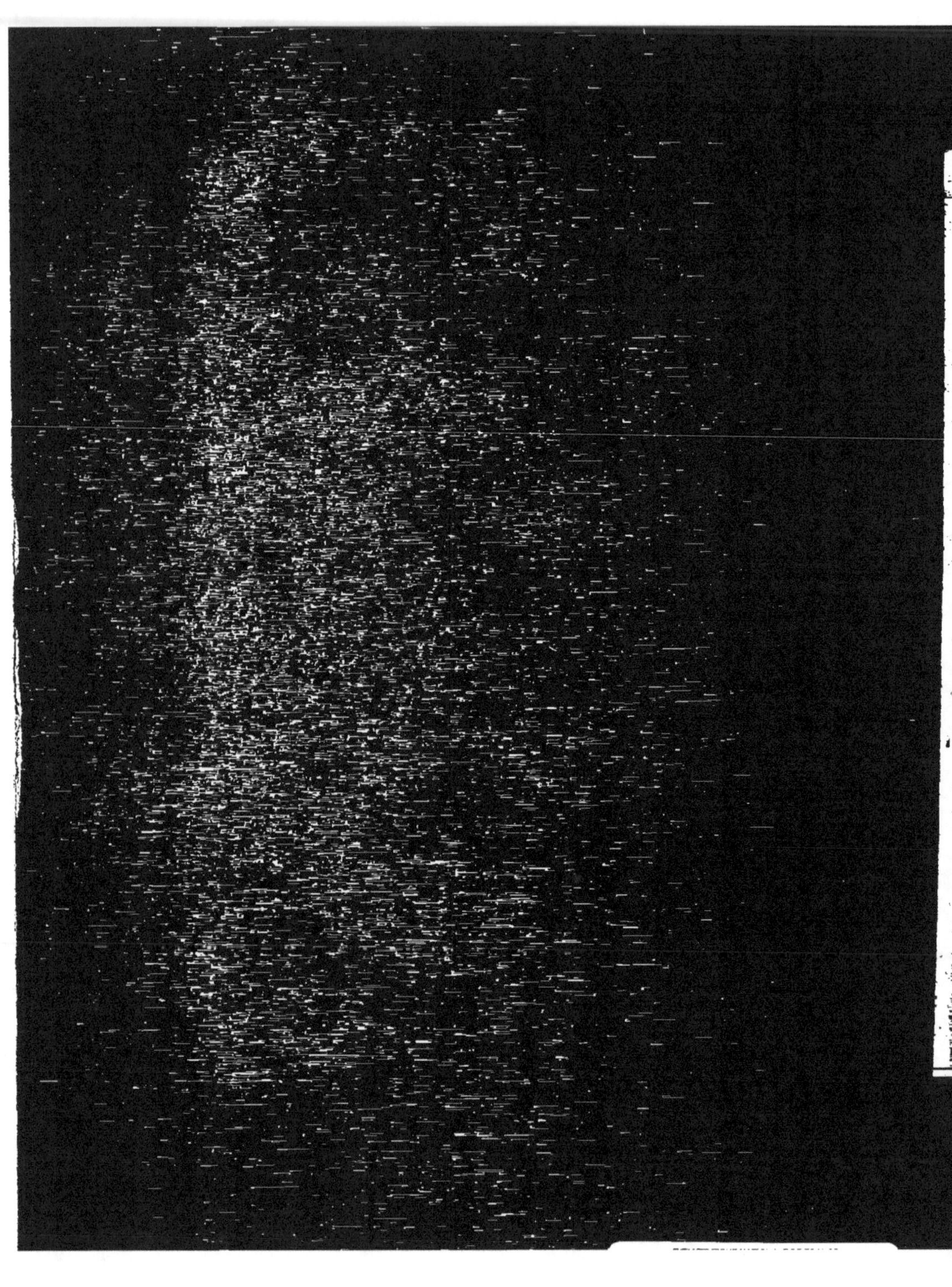

www.ingramcontent.com/pod-product-compliance
Lightning Source LLC
LaVergne TN
LVHW010041230826
846091LV00005B/1813
9782011909909